Fliegender Stern

Ursula Wölfel, geboren 1922 in Hamborn bei Duisburg, wuchs im Ruhrgebiet auf und absolvierte ihr Studium in Heidelberg. 1959 erschien ihr erstes Kinderbuch. Seit 1972 war sie Mitglied im PEN. Für die große Anerkennung, die Ursula Wölfels Werk zuteil wird, sprechen die zahlreichen Preise und Auszeichnungen, die sie für ihre Bücher erhalten hat. Achtmal stand sie auf der Auswahlliste des Deutschen Jugendliteraturpreises, dreimal auf der Ehrenliste des Hans-Christian-Andersen-Preises. 1991 wurde ihr Gesamtwerk mit dem Sonderpreis des Deutschen Jugendliteraturpreises geehrt. Ursula Wölfel starb 2014.

Mehr über unsere Bücher, Autor:innen und Illustrator:innen auf:
www.thienemann.de

URSULA WÖLFEL

# Fliegender Stern

Mit Illustrationen von Regina Kehn

Thienemann

# Inhalt

# Wo sind die Büffel?

Fliegender Stern saß vor dem Zelt seines Vaters und dachte: Es ist schlimm, wenn man noch ein kleiner Junge ist. Warum dauert es nur so lange, bis man groß wird? Gerade waren die großen Jungen fortgelaufen. Sie wollten draußen im Grasland Wettrennen machen und Steinewerfen und Bogenschießen üben. Auch der große Bruder Grau-Hengst war dabei.

Fliegender Stern war mit ihnen gelaufen bis zu dem Hügel, hinter dem sie ihren Spielplatz hatten. Aber sie hatten ihn fortgeschickt und gesagt: »Du bist noch zu klein, du musst bei den Mädchen und den kleinen Kindern bleiben.«

Die Kleinen hockten hinter Bergadlers Zelt und warfen mit Steinen nach einem alten Topf.

Fliegender Stern konnte sehr gut den Topf treffen. Aber er wollte überhaupt nicht mehr mit den kleinen Kindern spielen. Er wollte lieber hier sitzen und sich langweilen.

Ringsum standen die weißen Lederzelte in einem großen Kreis. Die Frauen und alten Leute saßen zusammen und redeten miteinander. Alle warteten auf die Männer, die auf die Jagd geritten waren.

Ob sie wohl eine Büffelherde gefunden hatten? Dann würde es endlich bald wieder frisches Fleisch geben!

Jetzt kam die Mutter. Sie trug das kleine Schwesterchen in einem ledernen Sack auf dem Rücken. Es schlief und die Mutter ging langsam und vorsichtig, um es nicht zu wecken. Die Mutter hieß Sonne-über-dem-Weg und Fliegender Stern fand, dass sie die Schönste von allen Frauen und Müttern im Lager sei.

»Warum spielst du nicht mit den anderen Kindern?«, fragte die Mutter.

Fliegender Stern stand auf. Wenn die Mutter mit ihm sprach, durfte er nicht sitzen bleiben.

»Sie wollten mich nicht mitnehmen«, sagte er. »Aber ich bin doch gar nicht mehr so klein!«

Die Mutter wusste gleich, dass er versucht hatte, mit den Großen zu gehen. Sie sagte: »Es sind jetzt sechs Winter vergangen, Fliegender Stern, und fünf Sommer, seit du auf die Welt kamst. Du bist noch ein kleiner Junge. Geh zu den anderen Kleinen.«

Fliegender Stern ging also zu den kleinen Kindern. Er spielte aber nicht mit, er sah nur zu, wie sie Topftreffen spielten.

Das kleine Mädchen, das Rote Blume hieß, fragte ihn: »Warum spielst du nicht mit, Fliegender Stern?«

»Ich will nicht«, antwortete er. »Dies ist ein Spiel für kleine Kinder. Ich bin schon zu groß dafür.«

»Aber du darfst doch auch noch nicht allein reiten!«, rief der Junge, der Helles Wasser hieß.

Und der Junge, der Ruft-den-Regen hieß, fragte: »Gehst du denn morgens mit den Großen an den Fluss? Kannst du schon schwimmen?«

Fliegender Stern wusste nicht, was er antworten sollte, denn er durfte noch nicht allein reiten und noch nie hatten die Großen ihn morgens mit an den Fluss genommen.

Nun fragte Grasvogel: »Du bist doch mein Freund, Fliegender Stern? Warum willst du nicht mehr mit mir spielen?«

Wieder wusste Fliegender Stern nicht, was er antworten sollte. Grasvogel war wirklich sein bester Freund.

Fliegender Stern schaute in das Grasland hinaus. Bis zum Himmelsrand war da nichts als eine weite, wellige Wiese. Nur hier und dort standen ein paar Büsche und ganz in der Ferne ein großer, uralter Baum. Plötzlich sah Fliegender Stern, dass sich hinter dem Baum etwas bewegte. Er machte die Augen schmal. Ja, da kamen die Männer von der Jagd zurück.

»Sie kommen!«, schrie Fliegender Stern. Nun

war er nicht mehr schlecht gelaunt. Er hatte die Reiter zuerst gesehen, eher als die alten weisen Männer und Frauen mit ihren scharfen Augen, eher als die Mütter und eher als die anderen Kinder.

Er klatschte in die Hände und rief noch einmal: »Sie kommen!«

Gleich liefen alle zusammen und Fliegender Stern zeigte ihnen, was er gesehen hatte. Er war sehr stolz. Bald konnte man die Reiter deutlich erkennen. Die Kinder liefen ihnen entgegen und auch die großen Jungen kamen dazu. Alle wollten wissen, ob es heute Abend etwas Gutes zu essen gäbe.

Aber die Männer ritten stumm und mit gesenkten Köpfen ins Lager.

»Wir haben keinen Pfeil und keine Kugel verschossen«, sagten sie.

Fliegender Stern lief neben dem Pferd seines Vaters her. Der Vater hieß Guter Jüger. Doch heute brachte er nichts von der Jagd nach Huuse.

»Wir sind weit geritten«, sagte er zu seiner Frau Sonne-über-dem-Weg, »fast so weit wie von einem Nachtlager zum anderen. Aber der weiße Mann hat uns die Büffel zu weit vertrieben.«

Schon oft hatte Fliegender Stern etwas vom weißen Mann gehört. Immer wenn die Erwachsenen von ihm sprachen, waren ihre Gesichter und Stimmen traurig. Fliegender Stern dachte: Wenn ich groß bin, will ich zum weißen Mann reiten und ihm sagen, dass die Büffel uns gehören, weil wir sonst hungern müssen und kein Leder haben für unsere Kleider und Schuhe und Zelte. Und ich werde mit dem weißen Mann kämpfen und ihn besiegen.

Die Mutter holte einen Topf mit wilden Rüben. Die hatte sie am Morgen gesucht. Sie tat aus einem Lederbeutel eine Handvoll getrocknetes Büffelfleisch dazu. Nun war der Beutel leer.

Als Fliegender Stern schlafen sollte, hatte er noch großen Hunger. Niemand war satt geworden im Lager. Fliegender Stern dachte wieder an den weißen Mann. Draußen saßen noch die Erwachsenen am Feuer und sprachen leise miteinander und sangen ein trauriges Lied. Die Hunde knurrten und jaulten. Sie hatten Hunger wie die Menschen. Nur die Pferde grasten zufrieden. Unruhe und Trauer lagen über den weißen Zelten, als der Mond vom Himmelsrand aufstieg, der große, rote Sommermond.

# Das braune Pferd

Früh am anderen Morgen, als noch alle Sterne am Himmel standen, lief der Ausrufer durch das Lager und rief: »Steht auf! Steht auf!«

Sie wollten weiterziehen zu einem See, in dem es viele Fische gab. Das hatten die Männer am Abend mit dem Häuptling besprochen. Die Mutter, der große Bruder Grau-Hengst und Fliegender Stern rollten das Zelt zusammen und der Vater packte es auf ein Pferd. Im ganzen Lager war ein lautes Rufen und Hin- und Herrennen, Hundegebell und Pferdegestampf. Die Kinder liefen dazwischen umher und freuten sich, weil es überall etwas zu sehen gab: wie der Zaubermann sein Zauberzelt, seine Trommeln und Kräuterbündel einpackte, wie der Feuermann das Feuer in einen hohlen Baumstamm tat und mit Moos zudeckte, wie die Väter und Mütter alle ihre Geräte und Waffen, ihre Töpfe und Säcke und Decken auf die Pferde banden.

Aber Fliegender Stern war wieder nicht bei den Kindern. Er wollte zeigen, dass er nicht mehr klein war, er half den Eltern. Sie banden das Tragegestell an das Pferd der Mutter. Das war wie ein Schlitten. Die Mutter packte ihre Küchengeräte hinein und ließ in der Mitte einen Platz frei. Dort sollte Fliegender Stern sitzen. Aber er hatte sich etwas anderes vorgenommen. Heute wollte er reiten wie die großen Jungen. Die hatten schon ihre Pferde losgemacht und ritten mit Geschrei und Gejuchze um den Lagerplatz.

Fliegender Stern sagte zu seinem Vater: »Mein Vater Guter Jäger, bitte gib mir ein Pferd. Ich möchte jetzt zu den Großen gehören.«

»Dann will ich dir ein gutes Pferd geben, Fliegender Stern«, sagte der Vater. Und er hob ihn auf das braune Pferd, das er im vergangenen Herbst eingefangen und zugeritten hatte.

Fliegender Stern war so froh, dass er nichts sagen konnte. Er nahm den Zügel und sah sich um. Helles Wasser, Rote Blume und Grasvogel standen in der Nähe. Fliegender Stern wünschte, dass bald die Sonne aufgehen möchte, damit alle im Lager ihn auf dem schönen braunen Pferd sehen könnten.

»Nun zeige, dass du reiten kannst!«, sagte der Vater. Er gab dem Pferd einen Klaps. Es machte einen Sprung – und schon lag Fliegender Stern wieder im Gras. Er hatte nur an die Kinder und die Leute gedacht und nicht aufgepasst.

Der Vater sagte nichts. Er wartete, bis Fliegender Stern aufgestanden war. Dann hob er ihn wieder aufs Pferd. Wie groß das war, und wie breit und glatt sein Rücken! Plötzlich hatte Fliegender Stern Angst. Jetzt wäre er am liebsten wieder hinuntergerutscht und hätte sich auf seinen alten Platz zwischen Mutters Tragstangen gesetzt. Aber die anderen Kinder sahen ihn. Auch Grau-Hengst war mit den anderen Großen gekommen.

Wieder gab der Vater dem Pferd einen Klaps und die großen Jungen riefen: »Ho! Ho-Ho!«

Das Pferd rannte los. Vor Schreck fasste Fliegender Stern so schnell nach der Mähne, dass er den Zügel verlor. Das Pferd fühlte sich frei und galoppierte ins dunkle Grasland hinaus. Fliegender Stern wickelte sich die Mähnenhaare um die Finger. Sie schnitten hart und tief ein, aber er wollte nicht loslassen. Diesmal würde er oben bleiben! Wenn nur das Pferd nicht immer weiter fortgelaufen wäre, immer weiter und weiter in die schwarze, endlose Ebene hinaus! Jetzt rasten sie an dem hohen Baum vorbei. Fliegender Stern dachte: Nun kann mich niemand mehr sehen und hören. Und er schrie, so laut er konnte: »Zurück, Pferd! Zurück!«

Aber das Pferd erschrak nur und rannte noch schneller, gerade auf den Himmelsrand zu, auf den grüngelb schimmernden Streifen Licht, dort, wo der Himmel die Erde berührte und wo bald die Sonne aufgehen würde. Was mochte dort sein? Ein großes Wasser? Ein gewaltiges Feuer? Oder war dort vielleicht das Land des Großen Geistes, zu dem die toten Menschen gingen?

Fort und fort trug ihn das braune Pferd und Fliegender Stern war ganz allein. Er hatte große Angst.

Vorsichtig schob er sich über die Mähne am Pferdehals hinauf. Er wollte den Zügel packen. Der Braune schüttelte sich und warf den Kopf zurück. Fliegender Stern machte schnell die rechte Hand los und fasste nach dem Zügel. Das Pferd fühlte den scharfen Ruck in seinem weichen Maul und warf sich nach rechts herum. Fliegender Stern flog in hohem Bogen auf die harte, trockene Sommererde und das Pferd lief ohne Reiter davon.

Da lag er nun. Sein Kopf und seine Knie und Hände taten ihm sehr weh. Er legte sein Gesicht ins Gras und weinte.

Aber bald kam das Pferd zurück. Es stellte sich neben ihn und stupste ihn mit der weichen Nase an der Schulter. Es war ein gutes Pferd, es lief nicht einfach von seinem Reiter fort. Fliegender Stern streichelte den schönen Kopf mit den großen blanken Augen.

»Liebes Braunes«, sagte er, »ich kann doch nicht allein aufsteigen.« Und gleich musste er wieder weinen. Die Tränen liefen ihm in den Mund, sie liefen an seinem Hals entlang. Er hatte schon lange nicht mehr geweint. Aber hier sah es ja niemand.

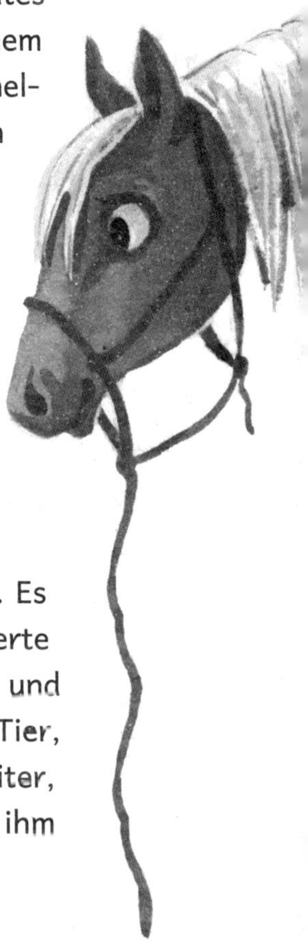

Plötzlich hob das Pferd den Kopf. Es scharrte mit den Hufen und wieherte leise. Fliegender Stern sprang auf und schaute sich um. Kam ein wildes Tier, ein Bär oder ein Wolf? Nein, ein Reiter, der Vater! Fliegender Stern rannte ihm entgegen, schwenkte die Arme und rief: »Mein Vater! Mein Vater Guter Jäger!«

Guter Jäger hielt sein Pferd an und sagte: »Du bist weit geritten, Fliegender Stern. Nun steige schnell wieder auf. Alle warten auf uns.«

Fliegender Stern ging zu dem Braunen und nahm den Zügel. »Du musst in die Mähne fassen und dich hochziehen«, sagte der Vater. Fliegender Stern griff in die Mähne. Seine Hände waren blutig und taten sehr weh. Er zog sich hoch – aber seine Arme waren zu schwach, er kam nicht hoch genug, er konnte sein Bein nicht über den Pferderücken schwingen. Immer wieder glitt er ab. Er sah den Vater an.

»Noch einmal«, sagte der nur.

»Ich kann nicht«, flüsterte Fliegender Stern. »Bitte, hilf mir!«

»Wer nicht allein aufsteigen kann, der soll auch nicht allein reiten«, sagte der Vater.

Fliegender Stern ging zehn Schritte zurück, spuckte in die Hände, lief, sprang – und saß oben! Er sah zum Vater hinüber. Er lachte.

»Nun kannst du allein aufsteigen und allein reiten«, sagte der Vater. »Ich will dir das braune

Pferd schenken. Du darfst ihm einen Namen geben.« Fliegender Stern verneigte sich vor seinem Vater, wie er es gelernt hatte.

Sie ritten nebeneinander zum Lager zurück.

Fliegender Stern fragte: »Was ist, wenn man durch das ganze Grasland bis an den Himmelsrand reitet?«

»Wenn man bis an den Himmelsrand reitet«, antwortete Guter Jäger, »dann wird wieder ein Grasland sein und ein neuer Himmelsrand. Und wenn man durch das andere Grasland reitet bis an den anderen Himmelsrand, dann wird wieder ein neues Grasland und ein neuer Himmelsrand da sein. Und wenn man immer weiter reitet, kommt man dorthin, wo der weiße Mann wohnt.«

Dann schwieg der Vater und Fliegender Stern sah an seinem Gesicht, dass der Vater nicht mehr sagen wollte. So war es immer, wenn vom weißen Mann gesprochen wurde.

Erst als sie das Lager schon sahen, sagte Fliegender Stern: »Ich will mein braunes Pferd Himmelsrand nennen.«

»So soll es heißen«, sagte der Vater. »Das ist ein guter Name für ein Pferd.«

Die anderen saßen schon auf den Pferden. Die Feuer waren gelöscht.

»Fliegender Stern kann nun allein reiten«, sagte der Vater. Alle nickten und die Mutter lächelte. Fliegender Stern lenkte sein Pferd zu ihr hin.

»Nun bist du schon beinah ein großer Junge!«, sagte sie.

Den ganzen Tag blieb Fliegender Stern in der Nähe der Mutter. Wenn sie rasteten, half er ihr, das kleine Schwesterchen zu versorgen, und als sie am Abend zum Lagerplatz am See kamen, brachte er ihr Wasser und suchte Holz für das Feuer. Dann schickte die Mutter ihn fort zu den anderen Kindern. Sie wollten noch Beeren und Wurzeln suchen. Die Männer und Burschen gingen mit Netzen und Angeln an den See. Aber sie fingen nicht viel. Alle mussten an diesem Abend wieder hungrig einschlafen. Aber darüber redeten sie nicht.

Die Mutter war traurig, weil sie wusste, dass ihre Söhne nicht satt waren. Deshalb sagte sie zu Grau-Hengst: »Ich will dir morgen eine schöne neue Angelschnur schenken.« Und zu Fliegender

Stern sagte sie: »Dir will ich eine kleine Angelrute schneiden.«

»Und eine Schnur bekomme ich auch?«, fragte Fliegender Stern.

»Ja, auch eine lange Schnur machen wir daran«, sagte die Mutter.

Da war er vergnügt und schlief bald ein.

# Am schwarzen Wasser

Als Fliegender Stern am anderen Morgen aufwachte, war es noch dunkel. Er dachte an sein braunes Pferd Himmelsrand und an die Angel, die er bekommen sollte, und er freute sich auf den Tag. Da packte ihn jemand an der Schulter. »Steh auf, Fliegender Stern!«, flüsterte der große Bruder Grau-Hengst und zog ihm die Decken weg.

»Was ist?«, fragte Fliegender Stern und hielt die Decken fest.

»Still! Unsere Mutter schläft noch! Die Männer sind fort zur Jagd. Komm nach draußen!«, flüsterte Grau-Hengst.

Fliegender Stern fror in der kalten Morgenluft.

»Du sollst mit zum See!«, sagte Grau-Hengst.

Fliegender Stern erschrak. Jetzt, im Dunkeln

und ohne den Vater sollte er allein im eiskalten See schwimmen?

»Ich bin noch zu müde«, sagte er.

»Willst du nicht?«, fragte Grau-Hengst und lachte. »Du hast doch ein eigenes Pferd und sollst eine Angel bekommen. Ich dachte, mein Bruder Fliegender Stern sei jetzt ein Großer? Aber da steht er und klappert mit den Zähnen!«

Jemand lachte im Dunkeln. Fliegender Stern merkte, dass Schneller Hirsch, Großer Felsen und andere von den Großen in der Nähe standen. Überall krochen sie jetzt aus den Zelten, reckten sich und gähnten.

»Soll ich mich für meinen Bruder schämen?«, fragte Grau-Hengst.

»Los!«, riefen die anderen und alle rannten zum See hinunter. Schneller Hirsch war immer der Erste. Sie mussten durch ein kleines Wäldchen. Fliegender Stern rannte, so schnell er konnte. Er wollte nicht der Letzte sein. Grau-Hengst lief dicht hinter Schneller Hirsch. Fliegender Stern sah ihn nicht mehr. Dann lag das schwarze, blinkende Wasser vor ihnen. Die Ersten sprangen gleich im Laufen über das Ufer hinaus. Sie schrien und prusteten und balgten sich. Jetzt sprangen die Letzten ins Wasser.

Nur Fliegender Stern stand noch am Ufer. Er hielt sich an einem Baumstamm fest und starrte in das schwarze Wasser hinunter. Er konnte nicht springen.

Grau-Hengst schwamm heran. Er rief: »Komm schon, Fliegender Stern!«

Fliegender Stern schüttelte den Kopf.

Die anderen schrien: »Fliegender Stern! Du bist gut gelaufen! Nun zeige, dass du wirklich ein Großer bist! Spring, spring!«

Wieder schüttelte Fliegender Stern den Kopf. Am liebsten wäre er fortgelaufen.

»Ich befehle es dir!«, rief Grau-Hengst.

Fliegender Stern versteckte sein Gesicht hinter dem Stamm.

Grau-Hengst stieg aus dem Wasser. Jetzt war es schon dämmerig und Fliegender Stern sah, dass Grau-Hengst zornig war.

»Wirf mich hinein«, flüsterte er.

»Das gilt nicht«, sagte Grau-Hengst. »Aber komm, gib mir die Hand, wir springen zusammen.«

Fliegender Stern ließ den Stamm los. Er mach-

te die Augen zu und sprang mit Grau-Hengst über den Uferrand.

Eisig war das Wasser. Fliegender Stern war steif vor Schreck und Angst und sank wie ein Stein bis auf den schlammigen Grund. Es brauste und donnerte in seinen Ohren. Grau-Hengst hatte ihn losgelassen. Er strampelte und schlug um sich – und dann sah er durch den Wasserschleier vor seinen Augen den Morgenhimmel und die Bäume. Er spuckte und sackte schon wieder ab. Doch jetzt packten ihn Grau-Hengst und sein Freund Großer Felsen. Sie zogen ihn ans Ufer.

»Für heute ist das genug«, sagten sie und lachten. »Morgen wirst du schwimmen lernen.«

Auch die anderen kamen ans Ufer. Niemand lachte den kleinen Jungen aus, weil er Angst gehabt hatte. Sie waren ja alle einmal kleine Jungen gewesen und hatten sich wie er vor dem Wasser gefürchtet. Sie rissen Zweige von den Bäumen und schlugen sich gegenseitig damit. So wurden sie trocken und warm und zeigten einander, wie tapfer sie Schmerzen aushalten konnten.

Fliegender Stern riss einen Kiefernast ab und gab ihn seinem Bruder. »Schlag mich!«, sagte er.

»Ho! Er hat sich die spitzesten Nadeln ausgesucht!«, riefen die anderen.

»Aber fest!«, rief Fliegender Stern und Grau-Hengst schlug ihn, bis sein Rücken rot war.

»Noch fester!«, rief Fliegender Stern.

Und Grau-Hengst schlug noch fester, bis Fliegender Stern blutige Streifen auf dem Rücken hatte.

»Weiter!«, rief Fliegender Stern.

»Nein«, sagte Grau-Hengst. Er warf den Ast weg.

»Wir wissen jetzt, dass du ein tapferer großer Junge bist!«, sagten die anderen.

Sie liefen zurück zum Lager.

»Fliegender Stern ist ein Großer!«, riefen die Jungen so laut, dass man es in jedem Zelt hören konnte. Die Mütter und alten Leute nickten und alle freuten sich.

Als der Vater von der Morgenjagd aus dem Wald zurückkam, sagte er: »Du wirst ein tüchtiger Mann werden, Fliegender Stern.«

»Aber ich habe große Angst gehabt vor dem schwarzen Wasser und gestern, als das Pferd so weit mit mir fortlief, habe ich geweint.«

»Ich weiß«, sagte der Vater. »Ich habe es gesehen. Aber daran sollst du nun nicht mehr denken. Bist du nicht doch in den See gesprungen? Bist du nicht doch auf dem Pferd wieder zurückgeritten? Auch erwachsene Männer haben manchmal Angst.«

# Die neue Angel

Fliegender Stern bekam von seiner Mutter einen Angelstock mit einer Schnur und einem Haken aus Fischgräte daran. Auch ihr gutes Messer lieh sie ihm. Damit schnitzte er viele kleine und große Sterne in das Holz. Nun sah jeder, diese Angel gehört dem, der Fliegender Stern heißt.

Als er fertig war, zeigte er die Angel seiner Mutter und sie schenkte ihm etwas von der roten und gelben Farbe, mit der sie sonst die Verzierungen an den Kleidern und Zelten färbte. Fliegender Stern malte die Sterne auf seiner Angelrute bunt an.

Darüber war der ganze Morgen vergangen. Die anderen Jungen waren längst alle am See. Einige hatten sogar ihren Müttern schon frische Fische gebracht.

Fliegender Stern bat seine Mutter um einen Lederbeutel für seine Fische. »Bitte, gib mir einen großen!«

»Glaubst du, dass du so viele Fische fangen wirst?«, fragte die Mutter.

»So viele, dass wir sie gar nicht alle aufessen können!«, rief Fliegender Stern. »Du wirst sie trocknen müssen!«

Da lächelte die Mutter und gab ihm den großen Lederbeutel.

Als er zum See kam, fand er ihn gar nicht mehr schwarz und gefährlich, sondern blau und lustig. Im blanken Wasser spiegelten sich die Bäume, und Mücken und Käfer summten in der Sonne. Die Burschen und Männer hatten sich mit ihren Angeln rings um den See verteilt.

Als Fliegender Stern durch das Gebüsch rannte, drehte Schneller Hirsch sich um und legte den

Finger auf den Mund. »Pst!«, machte er. Fliegender Stern sollte ihm die Fische nicht vertreiben.

Fliegender Stern wollte ihn eigentlich fragen, wo Grau-Hengst sei, aber Schneller Hirsch war der Anführer der Großen und Fliegender Stern merkte, dass er jetzt nicht angeredet werden wollte. Also schlich er weiter zwischen den Bäumen und Büschen am Ufer entlang.

Er konnte so lautlos schleichen, dass man kein Blättchen rascheln hörte. Am gegenüberliegenden Ufer sah er eine Gruppe von Männern. Sie hatten Netze ausgelegt und nun gruben sie einen kleinen künstlichen Teich. Dorthinein wollten sie die Fische treiben. Andere hockten auf flachen Ufersteinen. Sie hielten Speere in der Hand und schauten gespannt ins Wasser. Fliegender Stern wunderte sich immer darüber, dass die Männer die flinken Fische mit dem Speer treffen konnten.

Jetzt war er schon um den halben See herumgegangen und hatte Grau-Hengst immer noch nicht gesehen.

Aber nun traf er die kleinen Jungen. Sie spielten in einer schmalen, sandigen Bucht. Hier floss ein Bach aus dem See heraus. Fliegender Stern blieb zwischen den Bäumen stehen.

Ruft-den-Regen sah ihn zuerst.

»Schau her, Fliegender Stern!«, rief er. »Den habe ich eben mit der Hand gefangen!« Und er zeigte ihm einen blau schillernden Fisch mit roten Punkten auf dem Rücken. Auch die anderen kleinen Jungen hatten schon Fische gefangen.

»So? Die habt ihr gefangen?«, fragte Fliegender Stern.

»Willst du nicht bei uns bleiben?«, fragte Grasvogel.

Das hätte Fliegender Stern sehr gern getan. Er fand es lustig, Fische mit der Hand zu fangen, und er konnte das ebenso gut wie die anderen. Aber er sagte: »Ihr seht doch, dass ich eine Angel habe. Damit fängt man viel mehr.«

»Ja«, sagte Grasvogel, »du bist jetzt ja auch ein Großer.« Er scharrte mit einem flachen Holzstück Sand und Steine zusammen.

»Was baust du da?«, fragte Fliegender Stern.

»Das wird ein Staudamm«, sagte Grasvogel. »Wir wollen einen künstlichen Teich bauen, wie die Männer dort drüben. Und wenn wir dann Fische fangen, lassen wir sie darin schwimmen.«

»Der Damm ist viel zu schwach«, sagte Fliegender Stern. »Ihr müsst Grasbüschel und Zweige dazu nehmen.«

Er legte seine Angelrute fort. Am Ufer lagen genug dürre Äste. Fliegender Stern brach sie in kleine Stücke, die steckte er in den Sand. Er flocht frische Zweige dazwischen und stopfte dann Grasbüschel in die Lücken. Zuletzt häufte er Steine und Lehm darüber und klopfte den Damm mit den Händen fest.

»Der hält!«, sagte er. »So müsst ihr das machen, ihr Kleinen.«

»Ja, der ist gut«, sagte Grasvogel.

Aber Fliegender Stern hatte gar nicht gemerkt, wie die Zeit verging. Plötzlich wurde es schattig in der kleinen Bucht. Erschrocken sprang er auf, nahm Angel und Lederbeutel und rannte fort. Es würde bald Abend sein und er hatte noch keinen einzigen Fisch gefangen!

Grau-Hengst und sein Freund Großer Felsen saßen gar nicht weit von der Bucht entfernt mit ihren Angeln auf einer Kiefernwurzel. Jeder von ihnen hatte schon einen Berg glitzernder Fische gefangen. Als Fliegender Stern kam, rückten sie ein Stück auseinander und ließen ihn zwischen sich sitzen. Sie zeigten ihm, wie man einen Wurm am Haken befestigt und wie die Angelschnur ausgeworfen werden muss. Fliegender Stern gab gut acht und lernte das bald.

Da saß er nun, den herrlichen Angelstock mit den bunten Sternen in der Hand und wartete auf die vielen Fische, die er fangen wollte. Aber es kam keiner, kein einziger. Denn Fliegender Stern rutschte vor Aufregung hin und her und immer wieder musste er sich schütteln und mit den Schultern rucken, weil sich Fliegen auf seinen Rücken setzten. Er konnte einfach nicht so still dasitzen wie Grau-Hengst und Großer Felsen, die fingen nun auch nichts mehr, weil Fliegender Stern ihnen mit seiner Unruhe die Fische vertrieb.

Schließlich sagte Grau-Hengst: »Es wird schon dämmerig, wir wollen gehen.«

»Aber ich muss doch noch etwas fangen!«, rief Fliegender Stern.

»Jetzt ist es zu spät. Du lernst schon noch

angeln«, sagte Grau-Hengst und packte seine vielen Fische in seinen Lederbeutel.

Großer Felsen sah, wie traurig Fliegender Stern danebenstand mit seinem großen leeren Sack. Er gab ihm einen besonders dicken, bunten Fisch und sagte: »Hier, damit du auch einen hast!«

Fliegender Stern nahm den Fisch und tat ihn in den Beutel. Er schämte sich.

Als sie ins Lager kamen, duftete es schon von allen Feuern nach gebratenem Fisch.

»Nun, was hast du gefangen?«, fragte die Mutter und nahm ihm den Beutel ab.

»Gar nichts«, antwortete Fliegender Stern. »Diesen Fisch hat mir Großer Felsen geschenkt. Ich habe nämlich zuerst mit den Kleinen gespielt und nachher konnte ich nicht still sitzen und dann war es zu spät.«

Niemand lachte ihn aus.

»Ich glaube, ich bin doch noch ein bisschen klein«, sagte Fliegender Stern.

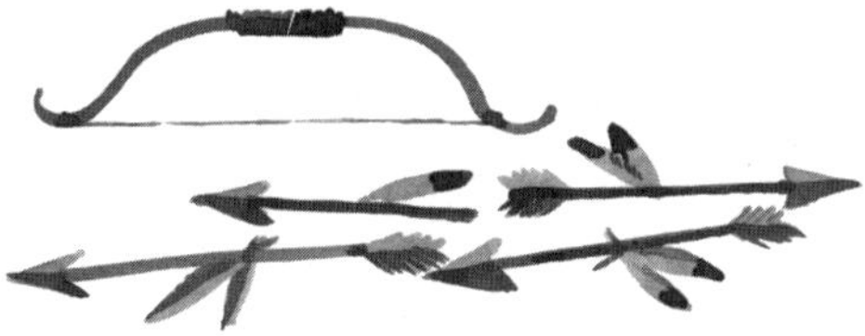

# Gefährliches Abenteuer

Viele Wochen blieben sie im Lager am See. Fliegender Stern lief jeden Tag früh morgens mit den Großen zum Wasser. Bald konnte er schwimmen. Schneller Hirsch zeigte ihm, wie man seine Füße pflegen muss, wenn man ein guter Läufer sein will. Der Vater Guter Jäger machte ihm einen Bogen und die Mutter gab ihm Pfeile mit stumpfen Spitzen.

Fliegender Stern konnte bald so gut schwimmen, laufen und Bogen schießen, dass er bei den Wettkämpfen der Großen mitmachen durfte. Auch das Stillsitzen beim Angeln lernte er. Aber für die Großen war er immer noch der Kleine und das ärgerte ihn.

Eines Tages erlaubten die Väter den Großen, mit auf die Jagd zu reiten.

Aber Schneller Hirsch sagte zu Fliegender Stern: »Es ist besser, wenn du diesmal noch hier im Lager bleibst. Vielleicht finden wir eine Büffelherde. Das ist zu gefährlich für dich.«

»Aber ich kann doch schon so gut reiten und Bogen schießen! Gebt mir nur spitze Pfeile, dann treffe ich auch einen laufenden Büffel!«, rief Fliegender Stern.

»Wir haben keine Lust, immer auf dich aufzupassen. Heute wollen wir unseren Spaß haben«, sagten die anderen Großen und sie ließen ihn einfach stehen.

Fliegender Stern wollte sie nicht länger bitten oder den Vater fragen.

Als alle fortgeritten waren, ging er zu den Kleinen. Die hatten sich Puppen aus Gras gemacht, mit denen spielten sie »Große Versammlung«. Fliegender Stern rief Grasvogel zu sich.

Der fragte: »Was soll ich? Sie haben mich gerade zum Häuptling gewählt. Lass mich weiterspielen!«

»Ich wollte etwas mit dir besprechen«, sagte Fliegender Stern. »Aber wenn du nicht willst, dann bleibe nur bei den Puppen und den kleinen Mädchen.«

»Dauert es lange?«, fragte Grasvogel.

»Wenn du Mut hast, dauert es lange, aber wenn du keinen Mut hast, kannst du gleich weiterspielen«, sagte Fliegender Stern.

»Was soll Grasvogel denn tun?«, fragte Rote Blume.

»Das ist nichts für Mädchen«, sagte Fliegender Stern. »Kommst du nun, Grasvogel?«

Da ging Grasvogel mit ihm und die anderen sahen ihnen nach, wie sie durch das Lager wanderten und miteinander sprachen.

Fliegender Stern sagte zu Grasvogel: »Du bist nicht viel jünger als ich und groß und stark bist du auch.«

»Ja«, sagte Grasvogel, »ich bin sogar noch ein Stück größer als du.«

»Aber ich gehöre schon richtig zu den Großen und du bist noch ein Kleiner«, sagte Fliegender Stern. »Ich kann reiten und schwimmen und Bogen schießen und harte Schläge aushalten.«

»Das könnte ich auch!«, rief Grasvogel. »Schau her, ob ich Schmerzen ertragen kann!«

Er nahm von einer Feuerstelle ein glühendes Ästchen und legte es sich auf den Handrücken. Fliegender Stern sah ihm ins Gesicht, aber Grasvogel zuckte noch nicht einmal mit den Augen. Als das Holz schwarz und kalt war, blies er es fort. Auf seiner Hand war eine große Brandblase.

»Du bist tapfer«, sagte Fliegender Stern. Und er nahm ein noch größeres Stück Glut und ließ es auf seiner Hand liegen, bis auch er eine große Brandblase hatte. Jetzt wollte Grasvogel ein noch größeres Stück brennendes Holz nehmen, aber Fliegender Stern sagte: »Das genügt. Ich wollte dich nur fragen, ob du auch ein Großer sein willst.«

»Das möchte ich schon«, antwortete Grasvogel. »Mein Vater Bergadler hat gesagt, dass ich vielleicht allein reiten darf, wenn wir weiterziehen. Aber ich muss doch warten, bis die Großen mich mitnehmen wollen zum Schwimmen.«

»Ich bin ein Großer. Und ich nehme dich mit!«, sagte Fliegender Stern.

»Morgen?«, fragte Grasvogel. »Ich habe keine Angst! Morgen früh? Weckst du mich?«

»Du brauchst auch keine Angst zu haben«, sagte Fliegender Stern. »Ich bin ja bei dir. Du rennst einfach mit und springst ins Wasser und dann bist du ein Großer. Ich helfe dir schon wieder heraus, ich kann ja schwimmen.«

Aber nun fragte Grasvogel: »Haben die anderen Großen gesagt, dass ich mitkommen soll? Hast du Schneller Hirsch gefragt?«

»Ach, die anderen!«, sagte Fliegender Stern. »Die sehen dann ja, dass du groß bist, wenn du ins Wasser springst!«

»Dann gibt mir mein Vater bestimmt sofort ein Pferd!«, rief Grasvogel.

Am Abend kamen die Jäger und die Burschen wieder ohne Beute zurück. Sie hatten keine Büffel gefunden.

Die großen Jungen waren wütend. Sie sagten: »Wir werden uns beim weißen Mann rächen!«

Fliegender Stern hörte das. Er fragte: »Kennt ihr den weißen Mann?«

»Sei still. Du verstehst nichts davon«, sagte Schneller Hirsch.

Da drehte Fliegender Stern sich um und ging weg.

Fliegender Stern kam früh am anderen Morgen zu Bergadlers Zelt. Grasvogel wartete schon auf ihn.

»Hast du wirklich den anderen nichts gesagt?«, flüsterte er.

»Nein«, sagte Fliegender Stern. »Schneller Hirsch hat mich beleidigt.«

»Wir wollen deinen Bruder Grau-Hengst fragen«, sagte Grasvogel.

»Warum soll ich das tun? Willst du, dass sie dich wieder zu den Kleinen schicken? Du möchtest wohl lieber mit Graspuppen spielen, als ein Großer sein?«, fragte Fliegender Stern.

Da sagte Grasvogel nichts mehr.

Sie liefen außen um den Lagerplatz herum und versteckten sich im Dunkeln hinter Guter Jägers Zelt. Als Grau-Hengst seinen Bruder rief, trat Fliegender Stern allein vor und sagte: »Hier bin ich.« Grasvogel blieb hinter dem Zelt.

»Dann los!«, rief Schneller Hirsch und lief schon. Die anderen rannten mit großen Sprüngen hinter ihm her. Sie merkten gar nicht, dass Fliegender Stern zurückblieb.

Der fasste schnell nach Grasvogels Hand und

fragte: »Grasvogel, wenn du ein Großer bist, willst du dann mein Bruder sein?«

»Ich will dein Bruder sein, Fliegender Stern!«, sagte Grasvogel.

Sie rannten hinter den anderen her zum See. Alle waren schon im Wasser.

»Jetzt!«, rief Fliegender Stern und riss Grasvogel im Laufen über das Ufer hinaus. Das schwarze Wasser schlug über ihnen zusammen. Fliegender Stern hielt Grasvogels Hand fest. Er ruderte mit dem freien Arm und strampelte mit den Beinen, so kamen sie schnell wieder nach oben. Doch jetzt war Grasvogel so erschrocken, dass er mit beiden Armen um sich schlug. Er riss sich los und sackte wieder ab. Fliegender Stern tauchte. Aber er fand Grasvogel nicht.

»Grau-Hengst! Grau-Hengst! Grasvogel ertrinkt!«, schrie er, als er wieder hochkam.

Grau-Hengst war weit fort, aber Großer Felsen hatte ihn gehört. »Was schreist du, Fliegender Stern?«, fragte er und lachte. »Kannst du nicht mehr schwimmen?«

Da tauchte Grasvogel wieder auf. Er spuckte und gurgelte.

»Da! Da!«, schrie Fliegender Stern und wollte nach seinen Haaren greifen. Aber Großer Felsen hatte Grasvogel schon unter der Schulter gefasst und zog ihn ans Ufer. Alle kamen aus dem Wasser.

»Das ist ja Grasvogel!«, riefen sie. »Ein Kleiner!«

»Was tut Grasvogel hier?« – »Wer hat dir erlaubt mitzukommen?«

Aber Grasvogel schüttelte sich nur und spuckte Wasser.

»Ich habe ihn mitgebracht«, sagte Fliegender Stern. »Ihr dürft ihm nichts tun! Er ist mein Bruder-Freund, er soll auch groß sein.«

Zuerst waren alle sehr ärgerlich. Denn es war Sitte, dass alle Großen gemeinsam beschlossen, wer zu ihnen gehören sollte.

Fliegender Stern rief: »Ihr dürft mich schlagen, solange ihr wollt!«

»Mich auch!«, rief Grasvogel.

Da lachten die Großen und brachen Zweige von den Bäumen. Fliegender Stern bekam festere Schläge, weil er die Sitte nicht beachtet hatte. Er sollte bestraft werden und niemand lobte ihn, weil er nicht schrie.

Dann sagte Schneller Hirsch zu Grasvogel: »Fliegender Stern hat uns betrogen, aber wir wollen dich zu den Großen aufnehmen. Du bist tapfer.«

Fliegender Stern legte beide Hände auf Grasvogels Schultern und sie tanzten vor Freude. Nun waren sie Bruder-Freunde und Fliegender Stern musste nicht mehr allein der Kleinste unter den Großen sein.

# Der Zaubermann

Nun kam eine glückliche Zeit. Fliegender Stern und Grasvogel waren immer zusammen, vom Morgen bis zum Abend. Guter Jäger und Sonne-über-dem-Weg nahmen Grasvogel in ihr Zelt und an ihr Feuer, als wäre er ihr eigener Sohn. Und Fliegender Stern galt für alle im Lager wie ein Sohn von Grasvogels Eltern. Die hießen Bergadler und Bibermutter. So hatte jetzt jeder der Jungen zwei Väter und zwei Mütter, weil sie Bruder-Freunde waren.

Grasvogel bekam von seinem Vater ein geschecktes Pferd mit einem lockigen Fell. Das nannte er Buntes Pferd. Nun konnten sie miteinander reiten. Auch Schwimmen, Angeln, Wettlaufen und Bogenschießen lernte Grasvogel.

Eines Tages machten die Großen ein Wettschwimmen im See. Weil aber Grasvogel noch nicht gut schwimmen konnte, sagte Fliegender Stern: »Wir wollen auf einen Baum klettern und zuschauen.«

Denn er konnte besser schwimmen als Grasvogel. Sein Bruder-Freund sollte sich nicht vor ihm schämen.

Sie suchten sich einen bequemen Ast zum Sitzen.

»Warum sind unsere Mütter nicht gekommen? Warum wollen sie nicht beim Wettschwimmen zuschauen?«, fragte Grasvogel.

»Sie suchen Beeren zum Trocknen für den Wintervorrat«, sagte Fliegender Stern.

»Im Winter werden wir immer nur getrocknete Beeren und Fische essen müssen, wenn die Väter nicht bald eine Büffelherde finden«, sagte Grasvogel.

»Der weiße Mann hat unsere Büffel verjagt«, sagte Fliegender Stern.

»Hast du den weißen Mann schon gesehen?«, fragte Grasvogel.

»Nein, ich habe ihn auch noch nicht gesehen«, antwortete Fliegender Stern, »aber ich weiß, dass die Väter im vergangenen Herbst bei ihm waren. Sie brachten ihm die besten Büffelfelle und dafür gab der weiße Mann ihnen Schießpulver und Kugeln für die Gewehre.«

»In unserem Zelt haben wir eine rote Decke, die ist auch vom weißen Mann. Mein Vater hat ihm dafür zwanzig Biberfelle gegeben«, sagte Grasvogel.

Fliegender Stern brach einen kleinen Zweig vom Baum und steckte ihn in den Mund.

»Man müsste Wissendes Auge fragen«, sagte er.

»Nein!«, rief Grasvogel. »Ich habe noch nie mit ihm gesprochen. Ich fürchte mich vor ihm!«

»Weil er ein Zaubermann ist? Aber er ist doch freundlich. Und er weiß alles. Er kann die Kranken heilen und das Wetter voraussagen und mit den

Geistern reden. Er spricht sogar mit dem Großen Geist, der die ganze Welt gemacht hat! Bestimmt weiß er alles vom weißen Mann. Komm!«

Fliegender Stern sprang zur Erde. Aber Grasvogel blieb oben in der Astgabel und schüttelte den Kopf.

»Dann gehe ich allein!«, rief Fliegender Stern.

»Aber du musst sprechen«, sagte Grasvogel. »Ich komme nur mit, weil du mein Bruder bist.«

Wissendes Auge saß vor seinem Zelt und rauchte. Als die Jungen ihn sahen, blieben sie stehen.

»Willst du wirklich mit ihm sprechen?«, flüsterte Grasvogel. »Hast du keine Angst vor ihm?«

»Doch«, sagte Fliegender Stern. »Sollen wir wieder zum See laufen?«

Aber Wissendes Auge hatte sie schon gesehen. Er winkte und Fliegender Stern und Grasvogel gingen zu ihm.

Der alte Mann sagte: »Du bist Fliegender Stern, Guter Jägers Sohn, und du bist Grasvogel, Bergadlers Sohn. Ihr seid gekommen, um mich etwas zu fragen.«

Die Jungen verneigten sich tief vor ihm.

»Was wolltest du mich fragen, Fliegender Stern? Du brauchst dich vor mir nicht zu fürchten«, sagte Wissendes Auge.

Fliegender Stern verneigte sich noch einmal. »Wir möchten etwas vom weißen Mann wissen«, sagte er.

»Dann fragt«, sagte Wissendes Auge.

»Unsere Väter reiten jeden Tag zur Jagd und jeden Tag kommen sie ohne Beute zurück. Unsere Mütter können nur Beeren und Fische für den Winter trocknen. Warum hat der weiße Mann uns die Büffel fortgenommen?«

Wissendes Auge legte die Pfeife neben sich ins Gras und faltete die Hände zwischen den Knien. Er sagte: »Als der Große Geist die Welt erschuf, machte er zuerst die Länder und Gebirge. In den Gebirgen ließ er die Bäche und Flüsse entspringen und schickte sie hinab zu den Seen und in das große Wasser zwischen den Ländern. Dann machte er alle Tiere, die Fische und Vögel, die Pferde und Hunde, die Büffel, Rehe, Biber – alle Tiere, die ihr kennt. Zuletzt machte er die Menschen.«

»Ja«, sagte Fliegender Stern, »das weiß ich von meiner Mutter.«

Wissendes Auge nickte. »Der Große Geist machte aber verschiedene Menschen und allen gab er ein Land zur Wohnung und Tiere zur Jagd und eine eigene Sprache. Uns machte er eine braune Haut und schwarze Haare und schenkte uns dieses Land zur Wohnung und gab unserem Mund eine eigene Sprache. Er machte aber auch andere Menschen, solche mit weißer Haut. Allen gab er ein Land zur Wohnung und eine Sprache. Und zwischen unsere Länder und die der weißen Menschen legte er ein riesiges Wasser.«

»Gibt es viele weiße Menschen?«, fragte Fliegender Stern.

»Es gibt sehr viele weiße Menschen«, sagte Wissendes Auge. »Einige von ihnen wohnen nicht weit von hier nach Sonnenaufgang zu bei den blauen Bergen. Sie haben sich schwimmende Häuser gebaut und sind damit über das große Wasser gefahren und in unser Land gekommen. Sie haben sich Zelte aus Holz und Steinen gebaut und was sie essen, pflanzen sie auf Feldern und in Gärten an. Sie haben feste Pfade durch das Land gelegt. Sie haben auch einen eisernen Pfad, darauf fährt ein feuriger Wagen. Er fährt und kein Pferd ist davorgespannt. Ich habe es selbst gesehen.«

»Ein feuriger Wagen!«, rief Grasvogel. »Und sie fahren damit und verbrennen nicht?«

»Nein«, sagte Wissendes Auge. »Aber es ist kein Zauber dabei. Es ist nur Wasserdampf, der die Wagen treibt. Die weißen Menschen sind gescheit.«

»Sind sie klüger als wir?«, fragte Fliegender Stern. »Sind sie bessere Jäger? Haben sie alle Büffel erlegt?«

»Sie sind nicht klüger. Und wie es mit den Büffeln ist, das will ich euch erklären«, sagte Wissendes Auge. »Im Land der weißen Menschen gibt es keine Büffel, so hat man mir erzählt. Die

Weißen wissen nicht, dass Büffelfleisch die Kinder groß und gesund macht, dass die Männer stark davon werden und die Frauen schön. Sie wissen nicht, wie man Zelte aus Büffelhaut näht, und sie kennen keine Kleider aus Büffelleder. Sie tragen bunte Kleider aus gewebten Stoffen. Sie töten die Büffel nur darum, weil sie Angst vor ihnen haben und weil die Büffel ihre Felder und Gärten zertrampeln. Ganze Herden haben sie schon abgeschlachtet und die toten Tiere lassen sie dann im Grasland liegen. Die letzten Büffel in unserem Land fürchten sich vor dem Lärm der eisernen Wagen, so sind sie weit fortgezogen, viele sind in die Wälder geflohen und darum müssen wir oft monatelang suchen, bis wir sie finden. In manchen Jahren finden wir sie gar nicht, dann gibt es viel Hunger und Krankheit im Winter.«

»Die weißen Menschen sind böse!«, rief Fliegender Stern.

Aber Wissendes Auge schüttelte den Kopf. »Es gibt auch bei uns gute und böse Menschen«, sagte er, »und ich kenne gute weiße Menschen und böse weiße Menschen. Sie wissen nicht, dass der Große Geist uns dieses Land und die Büffelherden gegeben hat. Sie wissen nicht, dass wir nicht wie sie in festen Zelten wohnen können und dass ihre Speisen uns krank und schwach machen. Sie wissen es nicht oder sie denken nicht darüber nach. Sie meinen, alle Menschen sollten so leben wie sie.«

Er nahm seine Pfeife und zündete sie wieder an. Leise sagte er: »Sie denken immer nur an sich selbst, wie kleine Kinder sind sie. Und wie kleine Kinder wollen sie alles haben und immer nur haben.«

Er schloss die Augen. »Ich habe genug gesprochen!«, sagte er.

Fliegender Stern und Grasvogel gingen zurück zum See. Sie kletterten wieder auf ihren Baum und sahen dem Wettschwimmen zu. Aber sie sprachen dabei nur über all das, was der alte Mann ihnen von den Weißen erzählt hatte.

# Fliegender Stern hat einen großen Plan

Der Abend kam und Fliegender Stern lag im Zelt und dachte: Er hat gesagt, dass sie es nicht wissen.

Warum sagt es ihnen niemand? Warum sagt Wissendes Auge den weißen Menschen nicht, was er uns gesagt hat?

Der Morgen kam, und als sie zum See liefen, nahm er sich vor, noch einmal zu dem weisen Zaubermann zu gehen und ihn danach zu fragen. Aber Wissendes Auge blieb den ganzen Tag in seinem Zelt. Vielleicht sprach er dort mit den Geistern. Man durfte ihn nicht stören.

Fliegender Stern fragte seine Mutter: »Warum geht niemand zu den weißen Menschen und sagt ihnen, dass dieses Land und die Büffelherden uns gehören?«

»Das verstehst du noch nicht«, sagte die Mutter.

Es wurde wieder Abend und die Männer kamen zurück von der Jagd. Guter Jäger hatte ein Reh geschossen und alle Familien des Lagers waren eingeladen, an seinem Feuer mitzuessen. Als der Vater sein Pferd anpflockte, fragte Fliegender Stern ihn, wie er die Mutter gefragt hatte. Aber auch der Vater wollte ihm keine Antwort geben. Er schüttelte den Kopf und sagte: »Wenn du größer bist, wirst du wissen, dass wir keine Macht gegen den weißen Mann haben.«

An diesem Abend wurden alle satt. Aber niemand wollte Abenteuergeschichten erzählen oder Lieder singen wie sonst nach einer guten Mahlzeit.

Fliegender Stern hörte, wie sein Vater sagte: »Ehe in diesem Winter der Schnee von unseren Zelten schmilzt, werden wir viele Gräber graben müssen.«

Fliegender Stern stand leise auf. Er flüsterte mit Grasvogel und sie gingen hinter das Zelt. Fliegender Stern fragte: »Hast du gehört, was mein Vater sagte? Er hat Angst! Ich will nicht, dass mein starker Vater Angst hat. Ich reite jetzt zu den weißen Menschen und sage ihnen, dass sie fortgehen müssen aus unserem Land. Sie wissen es nicht, weil niemand es ihnen sagen will.«

»Nein!«, flüsterte Grasvogel. »Es gibt doch auch böse weiße Menschen. Das hat Wissendes Auge gesagt.«

»Hast du Angst, Grasvogel?«, fragte Fliegender Stern. »Du kannst ja hierbleiben und mit den Kleinen spielen. Ich reite.«

»Aber ich bin dein Bruder! Ich darf dich nicht allein fortreiten lassen!«, rief Grasvogel.

»Dann komm mit.« Fliegender Stern ging zu seinem Pferd und legte ihm den Arm um den Hals.

»Wir müssen unsere Eltern fragen«, sagte Grasvogel.

»Sie werden es verbieten. Sie sagen: Du bist zu klein. Sie sagen: Denk nicht darüber nach. Sie sagen: Das verstehst du nicht.«

»Wir sind ja auch wirklich noch klein«, sagte Grasvogel. »Vielleicht werden die weißen Menschen uns auslachen, weil wir Kinder sind.«

»Das sagst du nur, weil du Angst hast. Ich reite morgen früh.«

Grasvogel wusste, dass Fliegender Stern sehr eigensinnig war und immer tat, was er sich vorgenommen hatte.

»Du bist älter als ich und du bist mein Bruder. Ich werde mit dir reiten«, sagte er.

Sie setzten sich ins Gras und überlegten, wie sie unbemerkt aus dem Lager kommen könnten und was sie mitnehmen wollten. Sie freuten sich jetzt auf den weiten Ritt und auf das Abenteuer. Am meisten aber freuten sie sich jetzt schon auf die Rückkehr.

Fliegender Stern sagte: »Wenn wir zurückkommen, werden alle staunen. Sie werden uns loben.«

Grasvogel sagte nichts dazu.

## Die eiserne Zwillingsschlange

Am anderen Morgen, lang ehe die Erwachsenen wach waren, schlichen Fliegender Stern und Grasvogel zu ihren Pferden. Sie nahmen Pfeil und Bogen mit. Grasvogel hatte in seinem Lederbeutel eine Handvoll getrocknete Beeren und Fliegender Stern das kleine Stück Fleisch, das er am Abend nicht aufgegessen hatte. Sie wollten ihren Müttern nicht heimlich etwas von den Vorräten wegnehmen. Sie hatten ja auch schon gut gelernt, Hunger zu ertragen. Sie führten ihre Pferde am Zügel, bis sie weit weg von den Zelten waren. Dann erst stiegen sie auf.

Als Grau-Hengst seinen kleinen Bruder wecken wollte und ihn nicht auf seinem Lager fand, dachte er: Fliegender Stern ist gewiss schon draußen bei den anderen. Als er ihn rief und keine Antwort bekam, dachte er: Vielleicht ist er schon vorausgelaufen.

Als Guter Jäger mit Sonne-über-dem-Weg und Bergadler mit Bibermutter die Feuer anzündeten, dachten sie, Fliegender Stern und Grasvogel seien bei den Großen am See. So merkte man im Lager erst spät, dass die beiden fortgeritten waren, und in dem trockenen, harten Grasboden war keine Spur zu sehen von den Hufen ihrer Pferde.

»Sie wollten wohl einmal allein fortreiten«, sagte Guter Jäger. »Das habe ich auch getan, als ich ein Junge war. Sie werden wiederkommen, wenn sie hungrig sind.«

Aber es wurde Mittag und Nachmittag und Abend und niemand sah die Kinder zurückkehren.

Bergadler kam zu Guter Jäger und Sonne-über-dem-Weg kam zu Bibermutter und sie gingen zu Wissendes Auge und fragten ihn, was sie tun sollten.

»Wenn ihr sie suchen wollt, werdet ihr sie jetzt nicht mehr finden«, sagte Wissendes Auge. »Sie sind weit fortgeritten. Aber ich weiß, dass

Fliegender Stern und Grasvogel tapfere Männer werden sollen. Sorgt euch nicht um eure Söhne, Bibermutter und Sonne-über-dem-Weg.«

Sie dankten ihm und gingen zu ihren Zelten. Aber die Mütter lagen noch lange wach und horchten und die Väter standen am Rand des Lagers und warteten.

Fliegender Stern und Grasvogel ritten über das endlose Grasland. Jetzt, am hellen Morgen, fürchteten sie sich gar nicht mehr.

Sie fühlten sich wie erwachsene Männer, die etwas Wichtiges tun.

Als es Mittag wurde, rasteten sie an einem Bach unter schattigen Büschen und Bäumen. Sie ließen ihre Pferde Wasser trinken und im saftigen Gras weiden. Sie waren selbst hungrig und durstig, aber sie aßen nur Beeren, die sie im Gebüsch fanden. Die kleinen Vorräte in ihren Beuteln wollten sie für später aufheben. Solange es noch heiß war, blieben sie dort, schwatzten miteinander und schliefen im Schatten.

Am Nachmittag brachen sie wieder auf. Die Sonne stand jetzt tiefer am Himmel. Als sie noch einmal drei Stunden geritten waren, sahen sie endlich die blauen Berge.

Sie trieben ihre Pferde an. Aber es wurde Abend und sie waren immer noch weit von den Bergen entfernt.

Sie wollten auf den Mond warten und suchten sich wieder einen Rastplatz. Sie fanden eine grasige Mulde, nahe bei einem Felsen. Der war noch warm von der Sonne. Sie legten sich dicht an den Stein und teilten das Fleisch und die getrockneten Beeren aus ihren Beuteln miteinander.

Eine Sternschnuppe fiel durch den Himmel.

»Hast du das gesehen?«, flüsterte Fliegender Stern. »So war es in der Nacht, in der ich geboren wurde. Mein Vater stand vor dem Zelt und sah einen Stern fallen. Deshalb nannte meine Mutter mich Fliegender Stern.«

»Es ist ein gutes Zeichen«, sagte Grasvogel.

Dann schwiegen sie. Dic Pferde grasten neben ihnen. Sie hörten, wie sie rupften und kauten, und wie die Bäume im Nachtwind rauschten. Bald ging der Mond auf und sie sahen wieder die

blauen Berge. Sie waren müde, aber sie wollten weiterreiten, weil die Pferde in der Nachtkühle besser laufen konnten. Himmelsrand und Buntes Pferd gingen dicht nebeneinander. Die beiden Jungen sprachen jetzt nicht mehr.

Grasvogel war so müde, dass er im Reiten einschlief. Sein Kopf hing tief auf dem Pferdehals und pendelte hin und her.

»He, ho!«, rief Fliegender Stern und lachte und Grasvogel schreckte auf und gähnte und schüttelte sich.

In diesem Augenblick klirrte etwas. Himmelsrand stolperte und blieb stehen. Fliegender Stern schlug ihm mit der flachen Hand auf den Hals. Aber das Pferd stemmte die Vorderbeine ein und wollte nicht weitergehen.

»Fliegender Stern!«, schrie Grasvogel. »Eine Schlange!« Wahrhaftig – zwischen Steinen, Geröll und Erdhaufen blinkte etwas.

Sie stiegen ab. Fliegender Stern hob einen Stein auf und warf ihn neben das schimmernde Ding. Es rührte sich nicht. Sie schlichen näher. Vorsichtig bückten sie sich. Grasvogel schlug mit einem Stock auf das seltsame Ding. Es klirrte wieder.

»Das ist der eiserne Pfad«, flüsterte Fliegender Stern.

»Das ist der eiserne Pfad«, flüsterte auch Grasvogel.

Fliegender Stern sagte: »Wenn wir auf dem eisernen Pfad weiterreiten, treffen wir die weißen Menschen.«

»Ja«, sagte Grasvogel. Sie stiegen wieder auf, aber sie trieben die Pferde noch nicht an.

»Ich habe Angst«, sagte Grasvogel leise.

»Ich auch«, flüsterte Fliegender Stern.

Grasvogel fragte: »Wenn sie uns gefangen nehmen, die Weißen? Sie könnten uns sogar töten und unsere Eltern würden nie etwas davon erfahren.«

Fliegender Stern nickte.

»Mein Vater Bergadler wird sehr böse sein, weil ich ihn nicht gefragt habe«, sagte Grasvogel. »Er wird mich bestrafen, wenn ich zurückkomme.«

»Es war mein Plan«, sagte Fliegender Stern. »Sie dürfen nur mich bestrafen.«

»Nein«, sagte Grasvogel, »ich bin dein Bruder! Sie müssen uns beide bestrafen.«

»Wollen wir zurückreiten?«, fragte Fliegender Stern.

Grasvogel antwortete ihm nicht. Sie spielten mit den Zügeln. In der Morgendämmerung sahen sie den eisernen Pfad immer deutlicher. Er lag wie eine silberne Zwillingsschlange auf einem flachen Steindamm. Durch das Hügelland führte er auf die Berge zu.

Fliegender Stern reckte die Schultern und er machte seine Stimme tief, weil er wie ein Mann sprechen wollte, und sagte: »Wir sind fortgeritten, um den weißen Menschen zu sagen, was sie nicht wissen. Wir wollen tun, was wir uns vorgenommen haben.«

Und Grasvogel nickte dazu, wie die Männer im Lager nickten, wenn einer einen guten Rat gegeben hatte.

Sie trieben ihre Pferde an und ritten neben dem eisernen Pfad her auf das Gebirge zu. Als die Sonne aufging, sangen sie ein lautes, wildes Lied, das sie von den Großen gelernt hatten.

# Das Loch im Berg

Das Land war hier nicht mehr flach und offen, sondern hügelig und bewaldet. Sie sangen immer noch, so laut sie konnten.

Einmal kamen sie an eine Brücke, die über ein tiefes Flussbett hinwegführte.

»Solche Brücken können die weißen Menschen bauen!«, rief Fliegender Stern.

»Bestimmt wohnen sie nicht weit von hier«, sagte Grasvogel. »Wir wollen nicht mehr singen.«

Aber es wurde Mittag und der eiserne Pfad führte sie nur immer tiefer in das Gebirge hinein. Mühsam kletterten Himmelsrand und Buntes Pferd über das Geröll zwischen den Schienen. Fliegender Stern und Grasvogel durften keinen Augenblick die Zügel loslassen. Es war ein gefährlicher Weg, den sie nun ritten. Links stieg eine Felswand auf und gleich neben dem schmalen Damm fiel der Berg steil ab. Plötzlich blieb Himmelsrand wieder stehen.

»Geh weiter!«, sagte Fliegender Stern und schnalzte mit der Zunge. Aber das Pferd gehorchte ihm nicht. Da wurde er zornig. Er trat es in die Seite, riss an der Mähne und schrie: »Du schlechtes Pferd! Willst du wohl laufen!«

»Himmelsrand zittert. Ein guter Reiter darf sein müdes Pferd nicht schlagen!«, sagte Grasvogel.

»Du bist jünger als ich, du darfst nicht so mit mir sprechen!«, rief Fliegender Stern. »Ich bin ein guter Reiter und dieses eigensinnige Pferd soll tun, was ich will.« Er schlug und trat sein Pferd immer wütender.

Nun sprang Grasvogel ab, riss ihm den Zügel aus der Hand und rief: »Steig ab, Fliegender Stern! Ich glaube, es sind böse Geister in diesem Tal, die haben dein Herz verwirrt. Steig ab! Wir werden unsere Pferde am Zügel führen.«

Fliegender Stern stieg ab und sagte nichts mehr. Er sah Grasvogel nicht an, als sie weitergingen.

Sie kamen nur langsam vorwärts auf den scharfkantigen, heißen Steinen. Ihre Füße schmerzten in den dünnen Fellschuhen und sie hatten Hunger und Durst. Gern hätten sie miteinander gesprochen, aber keiner wollte das erste Wort sagen. Fliegender Stern war immer noch wütend und deshalb war Grasvogel traurig. Endlich kamen sie zu einer Stelle, wo ein dünner, silbriger Wasserfaden am Felsen hinablief. Zwischen den Steinen auf dem Damm wuchs ein wenig mageres Gras. Grasvogel sagte: »Für beide Pferde ist es zu wenig. Dein Pferd soll fressen, damit es wieder frisch wird. Ich will dort hinter dem Felsen im Schatten auf dich warten.«

Fliegender Stern antwortete ihm nicht, aber als Himmelsrand das grüne Fleckchen leer gegrast hatte, ging er nahe an den Felsen heran und fing in der hohlen Hand die Wassertropfen auf. Er selbst trank nichts, sondern trug das Wasser vorsichtig um den Felsen herum. Doch Grasvogel war nicht mehr dort. Nur Buntes Pferd stand da im Schatten und leckte sich das Knie.

»Grasvogel! Grasvogel!«, rief Fliegender Stern.

»...ogel...ogel...ogel!«, antwortete ihm das Echo von den Felswänden.

Fliegender Stern warf Himmelsrand den Zügel über den Hals und rannte weiter den eisernen Pfad entlang. Immer noch trug er das Wasser in der Hand vor sich her, aber nun waren es nur noch ein paar Tropfen.

Wieder sprang der Fels weit vor – und dahinter stand Grasvogel.

Er rief: »Es ist ein Loch im Berg! Der eiserne Pfad führt in den Berg hinein! Dort, siehst du es?«

Aber Fliegender Stern hörte ihm nicht zu. Er sagte: »Ich habe dir Wasser gebracht.«

Grasvogel bückte sich und trank den winzigen Schluck Wasser. »Das ist gut!«, sagte er. »Aber nun musst du mit mir kommen und das Loch im Berg ansehen!«

Nun sah Fliegender Stern: Der eiserne Pfad führte wirklich in den Berg hinein. Er sagte: »Hier

können wir nicht weiterreiten. Wir wollen zum Lager zurückkehren. Die bösen Geister haben uns hierher gelockt. Sie wollen nicht, dass wir mit dem weißen Mann sprechen.«

Aber nun sagte Grasvogel: »Wir wollen tun, was wir uns vorgenommen haben. Das hast du gesagt, als ich gestern Angst hatte. Wir gehen jetzt zu unseren Pferden, dort können wir uns im Schatten ausruhen und von dem guten Wasser trinken. Wenn es Nacht wird, reiten wir zurück zu der Stelle, an der wir den eisernen Pfad zuerst gesehen haben. Von dort aus reiten wir dann weiter am eisernen Pfad entlang, wo er durch das Hügelland führt. Wir werden die weißen Menschen finden.«

»Ja«, sagte Fliegender Stern, »das wollen wir tun!«

So blieben sie im Felsental, bis es Abend wurde.

Sie erzählten sich alle alten Märchen und Geschichten, die sie kannten. Sie wollten ihre Angst und den Hunger vergessen. Aber schlafen konnten sie nicht.

# Zauberzeichen und Büffelbild

Als der Mond aufging, machten sie sich wieder auf den Weg. Nun ging es bergab. Die Pferde waren ausgeruht, sie liefen jetzt schnell und sicher auf dem schmalen Pfad zwischen den Schienen. Als sie wieder in das waldige Hügelland kamen, rasteten die Jungen nur kurz. Sie ließen die Pferde grasen und trinken und ritten bald weiter. Der eiserne Pfad führte nun vor den blauen Bergen durch das Hügelland nach Osten.

Bald wurde es hell. Fliegender Stern und Grasvogel froren im kühlen Morgenwind. Plötzlich, als sie um eine Waldecke bogen, lag vor ihnen eine Gruppe von seltsamen Zelten. Sie waren aus Holz und Steinen gebaut und sahen stumpf und viereckig aus. Blauer Rauch stieg auf. Die beiden Jungen hielten die Pferde an.

»Das sind die steinernen Zelte der Weißen!«, flüsterte Fliegender Stern.

»Sie haben Feuer! Bist du auch so hungrig?«, fragte Grasvogel.

»Aber wir dürfen nichts von ihren Speisen essen, sonst werden wir krank, denk daran!«, sagte Fliegender Stern.

Jetzt kam aus einem der Häuser ein Mann und ging zu einem Holzstoß. Gerade wollten die Jungen ihre Pferde vorsichtig zurücklenken, da schaute der Mann zu ihnen hinüber. Er ließ das Holz fallen und lief wieder in sein steinernes Zelt.

»Der weiße Mann hat Angst vor uns!«, flüsterte Fliegender Stern und lachte.

Aber nun kam der Fremde zurück und es waren noch andere Männer bei ihm. Alle trugen Gewehre in den Händen. Sie riefen etwas, das klang wie ein Befehl, aber Fliegender Stern und Grasvogel konnten diese Sprache nicht verstehen.

»Wir wollen sie grüßen«, sagte Fliegender Stern.

Sie legten beide ihre rechte Hand offen vor die Stirn und verneigten sich vor den fremden Männern.

Die lachten, sprachen laut miteinander und winkten.

»Sie lachen!«, sagte Grasvogel. »Dann sind sie auch nicht böse!«

Sie lenkten ihre Pferde zu den steinernen Zelten. Sie sprangen ab, legten Bogen und Pfeile vor sich auf die Erde und verneigten sich wieder. So begrüßten auch ihre Väter fremde Männer. Die Fremden hier machten auch Verbeugungen, aber sie lachten dabei noch mehr.

»Seid ihr unsere Freunde?«, fragte Fliegender Stern.

Die Männer zuckten die Achseln und lachten weiter.

»Sie verstehen uns nicht! Sie können überhaupt nur lachen!«, flüsterte Grasvogel.

Fliegender Stern zitterte vor Zorn. Er wollte sich nicht auslachen lassen.

»Wer ist euer Häuptling?«, fragte er. Wieder bekam er keine Antwort, aber einer der Männer trat vor und fasste ihn am Arm. Da schlug Fliegender Stern ihm wütend auf die Hand, riss sich los und sprang zurück. Niemand sollte ihn anrühren!

»Holla!«, rief der Mann.

Nun kam aus der letzten Hütte noch ein anderer Mann. Sie riefen ihm etwas zu und zeigten auf die beiden Jungen. Als der Mann näher kam, machten sie ihm Platz, und endlich hörten sie auf zu lachen.

Fliegender Stern dachte: Das ist wohl ihr Häuptling, mit ihm werde ich sprechen. Dieser Fremde sah ernst und freundlich aus.

»Ich grüße dich, weißer Häuptling! Friede soll über deinem Pfad sein!«, sagte Fliegender Stern. Und beide Jungen verneigten sich wieder.

»Ich grüße euch!«, sagte der Mann in ihrer eigenen Sprache. »Friede soll über eurem Pfad sein!« Auch er verneigte sich.

»Dies ist mein Bruder-Freund Grasvogel, Bergadlers Sohn«, sagte Fliegender Stern.

»Dies ist mein Bruder-Freund Fliegender Stern, Guter Jägers Sohn«, sagte Grasvogel.

»Ich heiße Doktor Christoph«, sagte der Fremde. »Aber ich bin kein Häuptling. Wollt ihr mir sagen, wo die Zelte eurer Väter stehen und weshalb ihr zu uns gekommen seid?«

»Mein Bruder Fliegender Stern wird sprechen«, sagte Grasvogel.

»Unser Lager ist dort, wo die Sonne untergeht, am See mit den vielen Fischen. Singender

Büffel ist unser Häuptling und Wissendes Auge ist unser Zaubermann. Wir sind gekommen, den weißen Menschen zu sagen, was sie nicht wissen«, sagte Fliegender Stern.

»Wissendes Auge und Singender Büffel!«, sagte der Mann. »Ich kenne sie. Ihr habt einen tapferen und klugen Häuptling und euer Zaubermann hat ein weises und gütiges Herz. Aber warum schicken sie Kinder als Botschafter? Was ist geschehen?«

»Niemand hat uns geschickt«, sagte Fliegender Stern. »Niemand weiß, dass wir zu den Zelten des weißen Mannes geritten sind!«

»Und weshalb seid ihr gekommen?«, fragte Doktor Christoph.

»Davon sprechen wir erst, wenn diese lachenden Männer fortgegangen sind«, sagte Fliegender Stern.

Doktor Christoph redete in der fremden Sprache mit den anderen Männern und sie gingen zurück zu ihren steinernen Zelten.

»Jetzt musst du sprechen!«, sagte Grasvogel zu Fliegender Stern.

»Wir sind gekommen, guter weißer Mann, um

euch zu sagen, dass der Große Geist dieses Land uns geschenkt hat«, sagte Fliegender Stern. »Auch die Büffelherden gehören uns. Aber unsere Väter reiten alle Tage fort und finden keine Büffelspur mehr in unserem Jagdgebiet. Unsere Mütter werden kein Fleisch für den Winter trocknen können und sie werden kein Leder haben, um die Zelte zu flicken und neue Kleider für uns zu nähen. Denn der weiße Mann hat die Büffel vertrieben und getötet. Nun bitten wir euch: Geht wieder fort in euer eigenes Land, damit wir uns nicht vor dem Winter fürchten müssen. Ich habe gesprochen.«

Doktor Christoph sagte: »Du hast gut gesprochen, Fliegender Stern. Du hast die Wahrheit gesagt.«

»Werdet ihr fortgehen?«, rief Grasvogel.

Doktor Christoph schüttelte den Kopf. »Nein, Grasvogel, wir werden nicht wieder fortgehen. Wenn ich den Männern dort sage, was ihr von ihnen wollt, werden sie nur lachen und doch hierbleiben.«

»Ja, sie werden lachen!«, rief Fliegender Stern zornig. »Sie lachen immer! Und ihre Sprache ist laut und rau wie Hundegebell! Was wollen sie hier in unserem Land?«

Doktor Christoph sagte: »Die weißen Menschen sind voller Unruhe. Sie wollen alles wissen und kennen. Sie haben die Kräfte des Feuers, des Wassers und des Blitzes gebändigt. Sie wollten die ganze Erde besitzen. Vor vielen Hundert Jahren sind sie schon hierhergekommen. Sie sahen, dass nur wenige Menschen in diesem großen Land lebten. Sie haben hier ihre Felder angelegt und Straßen und Brücken und Städte gebaut.«

»Wir brauchen keine Straßen und Brücken«, sagte Fliegender Stern. »Wir finden immer einen Weg durch das Grasland und über das Gebirge. Wir schwimmen mit Flößen über den breitesten Fluss. Wir werden satt vom Büffelfleisch und von den Früchten und Wurzeln, die überall wachsen. Nichts von den Dingen der weißen Menschen brauchen wir. Darum sollen sie in ihr eigenes Land zurückgehen.«

»Es ist zu spät«, sagte Doktor Christoph. »Sie werden hier bleiben. Wisst ihr nicht, dass in diesem Land schon viel mehr weiße Menschen wohnen?«

»Das kann nicht sein!«, rief Grasvogel. »Wir ziehen weit durch das Grasland und nie treffen wir weiße Menschen.«

»Euer Häuptling ist klug«, sagte Doktor Christoph. »Er weiß, was geschehen ist.«

»Was ist geschehen?«, fragte Fliegender Stern.

»Sie haben euch nichts davon erzählt, weil ihr noch Kinder seid«, sagte Doktor Christoph. Er setzte sich auf einen Stein. »Die Weißen haben viele von euch getötet. Es gibt nicht mehr viele Stämme eures Volkes und euer Land gehört schon längst den weißen Menschen. Singender Büffel hat ihnen sein Wort gegeben, dass er Frieden mit ihnen halten will, und dafür haben sie ihm ihr Wort gegeben, dass sie euch nicht angreifen werden. Darum führt Singender Büffel euch seit Jahren durch das

einsame Grasland im Norden, wo noch keine Weißen wohnen. Aber sie werden bald überall sein. Aus diesen Hütten hier wird eine Stadt werden. Bald wird es kein einsames Grasland mehr geben. Ihr müsst lernen, als Brüder mit den Weißen zu leben.«

»Wie können wir ihre Brüder sein, wenn sie unsere Brüder getötet haben?«, rief Fliegender Stern. »Ich habe gelernt, dass man Böses für Böses tun muss, und Gutes für Gutes!«

Und Grasvogel rief: »Wie können die Weißen unsere Brüder sein, wenn sie uns die Büffel vertreiben und erschlagen?«

»Ihr müsst Neues lernen«, sagte Doktor Christoph. »Ihr müsst lernen, in Frieden mit denen zu leben, die euch Böses getan haben.«

»Das will ich nicht lernen!«, rief Fliegender Stern. »Wir werden zu unseren Müttern und Vätern zurückreiten und ihnen sagen, was wir erfahren haben. Und wenn ich

ein Mann bin, werde ich viele weiße Menschen töten!«

Doktor Christoph stand auf. Er sagte: »Ich habe euch nichts Böses getan und auch die anderen Männer hier haben euch nichts Böses getan. Viele weiße Menschen sind traurig über das, was geschehen ist. Ich bin euer Freund. Kommt in mein Haus. Vielleicht kann ich euch eine gute Botschaft mitgeben. Vor einigen Tagen kam ein weißer Jäger hier vorüber, der hat in den nördlichen Wäldern viele Büffel gesehen. Er hat mir die Stelle beschrieben. Ich werde ein Bild malen, auf dem euer Häuptling und Wissendes Auge den Weg dorthin erkennen können.« Er ging zu seinem Haus, öffnete die Tür und sagte: »Euer Freund bittet euch, ihn zu besuchen!«

»Du weißt, dass wir nicht ›Nein‹ sagen dürfen, wenn du so sprichst«, sagte Fliegender Stern.

Sie banden ihre Pferde an einen Baum und gingen in das Haus. Fliegender Stern war noch immer zornig. Er wollte nur tun, was die Sitte verlangte. Aber bald vergaß er seinen Zorn, so viel seltsame Dinge fanden sie in Doktor Christophs Haus. Er zeigte ihnen alles.

Noch nie hatten sie einen Tisch gesehen, einen Stuhl, einen Ofen, ein Bett. Da gab es Bücher, die man aufblättern konnte, und auf den Seiten, die sich wie ganz feine Häute anfühlten, standen seltsame kleine Zauberzeichen. Es kam ihnen unglaublich und wunderbar vor, dass man gesprochene Worte mit der Hand festhalten konnte. Doktor Christoph zeigte ihnen das O, das so rund ist wie der Mund, wenn man O sagt, und das I, das so spitz ist wie der Ton, den es in der Luft macht, und sie suchten lauter Os und Is und lachten darüber. Und dann gab es hier Fenster, aus denen man hinausschauen konnte wie durch feste Luft, und doch blieb der Wind draußen. Sie tippten mit den Fingern daran und hauchten auf die Scheiben.

Plötzlich hörten sie draußen ein dumpfes Rollen, Stampfen und Zischen. Erschrocken sprangen sie vom Fenster zurück – da kam ein feuriger Wagen über den eisernen Pfad! Entsetzlich schwarz und groß sah er aus und spuckte Rauch und Feuer in die Luft!

Doktor Christoph sagte: »Ihr braucht euch nicht zu fürchten. Das ist kein böses Ding.«

»Ich sehe weiße Frauen und Kinder im Feuerwagen!«, rief Grasvogel. Und sie staunten, weil die weißen Frauen und Kinder so mutig waren. Nun hörten sie einen schrillen Pfiff und das Feuerpferd spuckte noch mehr Rauch und Feuer aus und rollte fort. Sie sahen ihm nach, bis es hinter den Hügeln verschwunden war.

»Jetzt müsst ihr etwas essen«, sagte Doktor Christoph. »Bestimmt habt ihr großen Hunger.«

»Ja!«, rief Grasvogel.

»Nein!«, rief Fliegender Stern. »Wir dürfen nicht von den Speisen des weißen Mannes essen!«

Gleich darauf schämte er sich, weil es unhöflich ist, bei einem Freund eine Mahlzeit nicht anzunehmen. Aber der Doktor kannte ihre Sitten. Er sagte: »Ich habe frische Fische in diesem Topf, die könnt ihr euch braten.«

Er gab ihnen Feuer und sie brieten sich die Fische draußen vor der Hütte, wie sie es gewohnt waren: Sie spießten sie auf grüne Stöcke und hielten sie über die offene Flamme.

Einige von den anderen weißen Männern kamen wieder dazu, lachten und machten Zeichen mit der Hand. Nun lachten sie auch. Vielleicht waren doch nicht alle weißen Menschen böse?

Als sie gegessen hatten, machte Doktor Christoph ihnen ein Lager in seiner Hütte und sie schliefen bis zum Abend. Sie wollten erst am nächsten Tag zurückreiten, weil die Pferde sich ausruhen sollten. Als es dunkel war, kamen viele weiße Männer zu Doktor Christophs Hütte. Sie sangen laute, raue Lieder und Fliegender Stern und Grasvogel sangen alle Lieder, die sie kannten. Genauso war es immer gewesen, wenn sie auf ihren Wanderungen draußen im Grasland andere Stämme getroffen hatten.

Fliegender Stern sah die Gesichter der fremden Männer an. Sie waren nicht bemalt. Es waren fremde weiße Gesichter. Aber Fliegender Stern dachte: Von diesen Männern kann ich keinen töten, weil ich sie kenne, und weil sie für uns ihre Lieder singen.

# Der Ich-sah-Tanz

Als der Doktor die Jungen am anderen Morgen weckte, war die Sonne schon aufgegangen. Er gab ihnen das Bild, das er ihnen versprochen hatte. In der Nacht hatte er es gemalt. Da waren Flüsse, Seen und Berge in bunten Farben und an einer Stelle sah man einen mächtigen Büffel zwischen lauter kleinen Bäumchen stehen. Eine rote Linie führte vom See mit den Fischen bis zu ihm hin. Doktor Christoph erklärte ihnen, dass dies der Weg sei, den sie reiten sollten. Grasvogel meinte, dies müsse ein Büffelzauber sein, aber darüber lachte der Doktor nur. Fliegender Stern bedankte sich bei ihm und legte das Bild in seinen Beutel. Den nahm er von nun an keinen Augenblick mehr von der Schulter.

Ein Mann brachte ihnen Rehfleisch, das brieten sie sich. Aber sie waren so aufgeregt und ungeduldig, dass sie gar nicht viel essen konnten. Viele weiße Männer kamen zum Abschied.

»Wir werden unseren Vätern und Müttern erzählen, dass hier gute weiße Menschen wohnen«, sagte Fliegender Stern und der Doktor übersetzte den Männern, was er gesagt hatte. Sie lachten wieder und sagten auch etwas, und der Doktor übersetzte es den Jungen:

»Sie loben euch und sagen, dass ihr sehr tapfere Jungen seid, weil ihr allein hierherkamt, um euren Eltern zu helfen. Sie wünschen euch viele Büffel.«

»Wir wünschen den weißen Menschen auch viele Büffel!«, rief Grasvogel. Die Weißen nickten und lachten. Sie verstanden, wie er das gemeint hatte.

Nun stieg auch der Doktor auf sein Pferd. Er wollte den Kindern den kürzesten Weg zu ihrem Lager zeigen. Die lustigen Männer winkten ihnen nach und schwenkten Tücher. Weil Fliegender Stern und Grasvogel nichts anderes hatten, schwenkten sie ihre Lederbeutel.

Gegen Mittag kamen sie zu dem Bach, an dem

sie vor drei Tagen gerastet hatten. Sie ließen die Pferde grasen und trinken und setzten sich mit Doktor Christoph in den Schatten. Sie erzählten ihm von ihren Vätern und Müttern, von Grau-Hengst und den anderen Großen und von dem kleinen Schwesterchen. Sie erzählten auch von den Wunderdingen, die Wissendes Auge konnte: die Gedanken und Taten der Menschen erraten, die Wolken beschwören, wenn es Regen geben sollte, die Kranken heilen und mit den Geistern sprechen. Und der Doktor erzählte ihnen vom Leben der weißen Menschen, ihren riesigen steinernen Städten und von den weißen Kindern, die dort leben.

Dann mussten sie Abschied nehmen. Doktor Christoph erklärte ihnen den Weg: »Reitet nur immer am Bach entlang, dann kommt ihr zu dem See mit den vielen Fischen, und am Abend seid ihr bei euren Eltern.«

»Wir werden dich nie vergessen!«, sagte Fliegender Stern.

»Der Große Geist möge euch beschützen auf eurem Weg«, sagte Doktor Christoph.

»Der Große Geist möge auch dich beschützen

und die lachenden weißen Männer am eisernen Pfad«, sagte Fliegender Stern.

»Der Große Geist möge alle Menschen wie Brüder miteinander leben lassen«, sagte der Doktor.

Die Jungen stiegen auf ihre Pferde. Der Doktor winkte ihnen nach, solange er sie sehen konnte. Fliegender Stern und Grasvogel konnten jetzt gar nicht schnell genug zu ihren Eltern und Freunden zurückkommen. Sie rasteten nur einmal kurz, um die Pferde trinken zu lassen, und schauten nach, ob das wunderbare Bild noch im Beutel war. Als die Sonne unterging, sahen sie das Lager. Noch einmal trieben sie die müden Pferde an und schrien, so laut sie konnten: »Ho! Ho-Ho! Bergadler! Guter Jäger! Sonne-über-dem-Weg! Bibermutter!«

Sie sahen die Leute im Lager zusammenlaufen und dann rannten alle Kinder ihnen entgegen, die Großen, die Kleinen und die Mädchen, und alle riefen: »Fliegender Stern und Grasvogel sind wieder da!«

Sie ritten gleich in die Mitte des Lagerplatzes. Dort standen ihre Eltern und alle Leute traten zurück, damit sie einander begrüßen konnten. Die Jungen sprangen von den Pferden und verneigten sich vor Vater und Mutter. Bibermutter und Sonne-über-dem-Weg umarmten ihre Söhne und küssten sie auf die Stirn.

Guter Jäger sagte: »Eure Mütter haben geweint, weil ihr fortgeritten seid, ohne ein Wort zu sagen.«

»Ich weiß, dass wir euch Kummer gemacht haben, mein Vater Guter Jäger«, sagte Fliegender Stern. »Aber ich bitte euch, dass ich allein bestraft werde. Ich habe Grasvogel überredet, mit mir zu kommen.«

Doch Grasvogel rief: »Das will ich nicht! Er ist doch mein Bruder, ich wollte ihn nicht allein zu den weißen Menschen reiten lassen!«

»Zu den Weißen? Bei den weißen Menschen

wart ihr?«, riefen alle Leute und drängten sich näher heran.

Jetzt kam Wissendes Auge aus seinem Zelt. Fliegender Stern lief zu ihm, verneigte sich und sagte: »Du hast uns gesagt, Wissendes Auge, dass es auch gute weiße Menschen gibt, und dass sie nicht wissen, dass die Büffel uns gehören. Wir wollten ihnen nur sagen, dass sie fortgehen sollen. Wir haben den weißen Zaubermann Doktor Christoph getroffen, er hat freundlich von dir und unserem Häuptling gesprochen. Wir haben in seinem steinernen Zelt geschlafen. Aber von den Speisen der Weißen haben wir nichts gegessen. Und er hat ein Bild gemalt, ein Büffelbild, das sollen wir dir und dem Häuptling Singender Büffel zeigen, damit ihr uns zu den Herden führen könnt!«

Er hatte viel schneller gesprochen, als es sich gehörte, und nun zerrte er den Beutel von der Schulter und nahm das Bild heraus. Alle Leute wollten es sehen. Einige riefen: »Verbrennt es schnell! Es ist vom weißen Mann! Sicher ist es ein böser Zauber! Sie wollen uns nur fortlocken aus unserem Jagdgebiet. Wir wissen besser als die Weißen, wo es Büffel gibt!«

Und sie griffen nach dem Blatt, aber Fliegender Stern hielt es mit beiden Händen fest und rief: »Nein, es ist kein böser Zauber! Doktor Christoph ist ein guter Mann!«

Wissendes Auge sagte: »Gib mir das Bild, Fliegender Stern. Ich kenne den Weißen, den sie Doktor Christoph nennen. Er ist ein guter Mann, er ist ein Freund unseres Volkes und in seinem Mund ist keine Lüge.«

Fliegender Stern gab ihm das Bild und Wissendes Auge ging damit zum Zelt des Häuptlings.

Nun wollten die anderen noch mehr von dem Abenteuer der beiden Jungen erfahren. Aber Sonne-über-dem-Weg und Bibermutter holten ihre Söhne zu den Zelten. Die Mütter meinten, nun sei es Zeit zum Sattessen und Ausruhen.

Fliegender Stern und Grasvogel schliefen schon fest, als der Ausrufer durch das Lager ging und alle Männer zur Beratung rief.

Am anderen Morgen brachen sie die Zelte ab und zogen fort, um dem Rat des weißen Mannes zu folgen.

Fliegender Stern und Grasvogel durften heute nicht auf ihren Pferden reiten. Sie mussten wie kleine Kinder zwischen den Tragstangen hinter den Pferden ihrer Mütter sitzen. Das war die Strafe für das heimliche Fortreiten. Aber die Eltern und alle anderen Erwachsenen waren freundlich mit ihnen und die großen Jungen ritten meist dicht neben ihnen her, weil sie immer noch mehr erzählt haben wollten von den weißen Männern, dem eisernen Pfad, dem Feuerwagen und den Büchern mit den schwarzen Zauberzeichen.

Schneller Hirsch sagte: »Ihr seid tapfer gewesen. Ihr seid immer noch Große, auch wenn ihr jetzt nicht reiten dürft.«

Viele Male wurden die Zelte am Abend aufgeschlagen und am Morgen wieder eingerollt, bis sie endlich in das Land der nördlichen Wälder kamen. Es war ein mühsamer Weg über Gebirge und große Flüsse. Sie hatten viel Hunger, denn sie wollten ihre kleinen Wintervorräte nicht anbrechen, und zum Jagen hatten sie keine Zeit. Manche Leute murrten und schimpften: »Wir wussten ja, dass der weiße Mann schlecht ist und uns immer betrügt. Bald wird Schnee fallen und wir werden alle verhungern in diesem fremden Land. Wir hätten dem Zauberbild nicht folgen dürfen!«

Singender Büffel hatte Kundschafter vorausgeschickt. Sie sollten Büffelspuren suchen. Aber die Kundschafter kamen nicht zurück.

Immer tiefer zogen sie in die endlosen Wälder hinein und immer mutloser wurden die hungrigen Menschen. Der Häuptling hielt an den Abenden lange Beratungen mit dem Zaubermann und dann sprachen beide mit den ungeduldigen Leuten und baten sie, ihnen zu vertrauen.

Fliegender Stern und Grasvogel standen jeden Abend am Rand des Lagers und schauten nach den Kundschaftern aus. Sie konnten nicht glauben, dass Doktor Christoph sie auf einen falschen Weg geschickt hätte. Sie sprachen oft von ihm, wenn sie allein waren. Später, wenn sie erwachsene Männer wären, wollten sie ihn wieder besuchen.

An einem stürmischen Herbsttag kamen endlich die Kundschafter zurück. Sie schwenkten die Arme und riefen: »Viele Büffel! Fette Büffel! Eine große Herde!«

Alle hielten die Pferde an und schrien laut vor Freude. Fliegender Stern sprang aus seinem Traggestell und lief zu Grasvogel.

Sie riefen laut: »Doktor Christoph hat recht! Doktor Christoph ist gut! Viele Büffel! Fette Büffel!«

Guter Jäger und Bergadler sprachen leise miteinander. Dann lenkten sie ihre Pferde zu den Jungen und fragten: »Fliegender Stern und Grasvogel, wollt ihr morgen mit auf die Büffeljagd reiten?«

»Ja! Ja! Ja!«, riefen sie und dankten ihren Vätern und rannten gleich zu den Müttern und baten sie um spitze Pfeile für die Büffeljagd. Bibermutter und Sonne-über-dem-Weg freuten sich, dass die Strafe für die Jungen nun vorbei war.

Sie ritten weiter und schlugen schon am frühen Nachmittag die Zelte auf. Der Häuptling schickte den Ausrufer durch das Lager. Der verkündete allen, dass an diesem Abend eine große Versammlung sein werde. Fliegender Stern und Grasvogel sollten den Ich-sah-Tanz zeigen.

Als die beiden das hörten, erschraken sie. Vor allen Erwachsenen und Kindern sollten sie den Ich-sah-Tanz zeigen! Sie gingen zu Wissendes Auge und baten ihn um Rat und er erklärte ihnen, was sie tun müssten. Im ganzen Lager war große Aufregung und Freude. Alle zogen ihre schönsten Kleider an, sie bemalten sich die Gesichter und kämmten ihre Haare mit Fett, bis sie wie schwarze Seide glänzten. Die Mütter wuschen ihre Kinder. Sonne-über-dem-Weg und Bibermutter gaben ihren Söhnen neue Hemden und Hosen aus hellem Büffelleder. Fliegender Stern und Grasvogel sollten heute besonders schön aussehen.

Die Väter standen dabei und rieten und halfen, als sie den Jungen die Gesichter bemalten.

Das große Versammlungszelt wurde aufgeschlagen und mit grünen Zweigen geschmückt. In der Mitte brannte ein helles Feuer. Als es dunkel wurde, kamen alle aus dem Lager, Männer, Frauen und Kinder. Die Mütter brachten die ganz Kleinen in den Tragsäcken mit. Jeder wusste seinen Platz. In der ersten Reihe saßen der Häuptling und Wissendes Auge und neben ihnen die ältesten und tapfersten Männer. Fliegender Stern und Grasvogel warteten am Zelteingang.

Nun stand der Häuptling auf und sagte: »Als wir in großer Sorge waren, sind unsere Söhne Fliegender Stern und Grasvogel zu den weißen Menschen geritten. Der weiße Mann hat ihnen eine gute Botschaft mitgegeben. Wir werden morgen eine große Büffelherde finden und wenn es Winter wird, braucht niemand Hunger zu leiden. Wir werden warme Zelte haben, in denen wir an den langen Abenden sitzen und uns Abenteuer und Geschichten erzählen. Wir werden fröhliche Wettspiele auf Schneeschuhen halten und die Frauen brauchen sich nicht um die Mahlzeiten zu sorgen. Sie mögen uns schöne neue Kleider nähen und den Kindern unsere alten Märchen erzählen. Das wird eine gute Ruhezeit sein nach diesem schweren Sommer. Und nun sollen Fliegender Stern und Grasvogel uns den Ich-sah-Tanz zeigen.«

Er winkte mit der Hand und Wissendes Auge schlug leise seine Trommel. Mit langsamen Tanzschritten traten die Jungen in den Kreis und halb singend, halb sprechend begann Fliegender Stern: »Ich sah, dass meine Mutter sich sorgte und dass mein Vater traurig war, weil wir keine Büffelherde fanden.«

Und Grasvogel trat vor und sang: »Ich sah, dass mein Bruder fortreiten wollte, und ich folgte ihm.«

»Ich sah die Sonne aufgehen über dem fremden Himmelsrand und sah den Mittag und den Abend, bis der Mond kam«, sang wieder Fliegender Stern.

»Ich sah den eisernen Pfad der weißen Männer und ihre Zelte, die aus Holz und Steinen gebaut sind«, sang Grasvogel.

So spielten sie tanzend und sprechend alles, was sie erlebt hatten: Sie zeigten, wie ihre Ankunft bei den Weißen gewesen war, sie lachten das raue Lachen der Fremden, malten mit den Händen in die Luft, was sie in Doktor Christophs Haus gesehen hatten, und machten mit

Stampfen, Fauchen und Zischen den Feuerwagen nach. Wie sie gegessen, geschlafen und abends mit den Männern gesungen hatten, ihren Aufbruch und schließlich den Abschied vom guten Doktor: All das spielten sie vor.

Gespannt hörten die Leute ihnen zu, obwohl die Jungen ihnen ja alles schon oft erzählt hatten. Aber diesmal war es so, als wären sie selbst dabei. Kein Wort hatte Fliegender Stern vergessen von allem, was Doktor Christoph ihm gesagt hatte.

Zum Schluss sang er: »Ich sah, dass er ein guter weißer Mann ist, denn er war traurig über das Böse, das andere weiße Menschen uns getan haben. Ich sah, dass er unser Freund ist, denn er hat uns gut geraten und geholfen.«

Dann stand Wissendes Auge auf. Er hob seine Arme und betete: »Großer Geist! Großer Vater! Du hast alle Wesen erschaffen, die auf der Erde laufen und im Wasser schwimmen und im Himmel fliegen, und alles, was grün ist und blüht. Du hast auch alle Menschen erschaffen und ihnen gegeben, was sie zum Leben brauchen. Lass Frieden sein zwischen den weißen Menschen und unserem Volk. Und lass uns morgen eine gute Jagd haben.«

Der Häuptling gab ein Zeichen und die Männer und Frauen standen auf und gingen hinaus.

Fliegender Stern und Grasvogel gingen mit ihren Eltern zu den Zelten.

Guter Jäger sprach mit Grau-Hengst und Fliegender Stern über die Büffeljagd und er redete mit ihnen wie mit erwachsenen Männern.

Fliegender Stern war nun endlich kein kleiner Junge mehr.

Als Fliegender Stern zehn Jahre alt war, musste sein Stamm das freie Wanderleben aufgeben. Die Regierung der Weißen hatte bestimmt, dass von nun an alle Stämme nur noch in sogenannten Reservaten leben durften. Sie sollten nicht mehr umherziehen, sondern in Dörfern wohnen und Felder bestellen, Vieh züchten oder andere Berufe erlernen.

Das war sehr schwer für sie. Sie waren ja nicht zur Schule gegangen, sie verstanden nichts von Landwirtschaft und sie hatten kein Geld für Ackergeräte und Werkzeuge. So lebten viele in großer Armut und das fremde Leben machte sie krank. Manche konnten das freie Leben nicht vergessen, sie wollten nicht wie Weiße leben.

Fliegender Stern und Grasvogel lernten lesen und schreiben. Die Buchstaben in den Büchern waren nun keine Zauberzeichen mehr für sie. Grasvogel wurde später Lehrer und Fliegender Stern wurde Pferdezüchter. Sie vergaßen jedoch nie, wie sie als Jungen durch die Wildnis gezogen waren und mit ihren Vätern Büffel gejagt hatten.

Wölfel, Ursula:
Fliegender Stern
ISBN 978 3 522 18682 7

Gesamtausstattung: Regina Kehn
Einbandtypografie: Doris Grüniger
Satz: Bettina Wahl
Reproduktion; DIGIZWO Kessler + Kienzle GbR
Druck und Bindung: CPI Books GmbH, Leck

FSC
www.fsc.org
MIX
Papier | Fördert gute Waldnutzung
FSC® C083411